认地理

童心 编

化学工业出版社
·北京·

目录

热带雨林

走进热带雨林 ············· 4
热带雨林形成的过程 ········ 5
热带雨林里好玩的现象 ······ 6
热带雨林的分层 ············ 7
热带雨林里面有什么 ········ 8
南美洲热带雨林中的动植物 ·· 9
马达加斯加热带雨林中的动植物 ··· 10
澳大利亚热带雨林中的动植物 ···· 11
亚洲热带雨林中的动植物 ···· 12
非洲热带雨林中的动植物 ···· 13
热带雨林中人们的生活 ······ 14
热带雨林是天然的"药房""生物图书馆" ··· 15
怎样合理利用热带雨林 ······ 16
被破坏的热带雨林能恢复原貌吗 ··· 17
小游戏 ···················· 18

沙漠

走进沙漠 ················· 19
沙漠是怎么形成的 ·········· 20
沙漠里好玩的现象 ·········· 21
沙漠里面有什么 ············ 22
美洲沙漠中的动植物 ········ 23
大洋洲（澳大利亚）沙漠中的动植物 ··· 24
亚洲沙漠中的动植物 ········ 25
非洲沙漠中的动植物 ········ 26
沙漠里人们的生活 ·········· 27
沙漠居民特别的生活习惯 ···· 28
沙漠上空资源的开发 ········ 29
沙漠地下资源的开发 ········ 30
沙漠上的明珠 ·············· 31
防止沙漠化 ················ 32
小游戏 ···················· 33

极地大陆

极地大陆的形成 ············ 34
南极和北极 ················ 36
极地里面有什么 ············ 37
南极的动物 ················ 38
北极的动物 ················ 40
极地冰山 ·················· 42
极地动物的迁徙 ············ 43
极地人们的生活 ············ 44
危险的极地探险 ············ 45
危在旦夕的极地 ············ 46

极地的未来 ············ 47
小游戏 ············ 48

海洋

走近海洋 ············ 49
海洋是这样形成的 ············ 50
神秘莫测的海底世界 ············ 51
酷爱运动的海洋 ············ 52
海洋里的栖息地 ············ 53
海边的生命 ············ 54
浅海生物 ············ 55
各有绝招的深海生物 ············ 56
极地海洋中的生命 ············ 57
海洋生物之最 ············ 58
海洋里的明星们 ············ 59
五颜六色的海 ············ 60
海洋的恩赐 ············ 61
海洋告急，请求救援 ············ 62
小游戏 ············ 63

火山与洞穴

火山是怎么形成的 ············ 64
火山喷发的类型 ············ 65
火山喷发时的熔岩与火山灰 ············ 66
火山喷发后的地貌 ············ 67
地热喷泉和间歇泉 ············ 68

火山喷发会改变地球环境 ············ 69
火山之旅第一站：圣海伦斯火山 ············ 70
火山之旅第二站：基拉韦厄火山 ············ 71
火山之旅第三站：喀拉喀托火山 ············ 72
神秘的洞穴 ············ 73
洞穴里面有什么 ············ 74
钟乳石和石笋 ············ 76
洞穴里有人居住吗 ············ 77
小游戏 ············ 78

草原

走进草原 ············ 79
世界上的草原 ············ 80
生机勃勃的草原 ············ 81
北美大草原 ············ 82
塞伦盖蒂大草原 ············ 83
潘帕斯草原 ············ 85
澳大利亚大草原 ············ 86
俄罗斯干草原 ············ 87
中国的草原 ············ 88
草原动植物趣闻 ············ 90
保护草原 ············ 92
小游戏 ············ 93

走进热带雨林

热带雨林

热带雨林主要分布在赤道两侧南北纬5~10度以内的热带气候地区,如南美洲亚马孙河流域、亚洲的东南亚和非洲刚果河流域以及澳大利亚北部地区。

金刚鹦鹉

长臂猿

凤梨

大王花

热带雨林中生活着数不清的动植物,它们是一个生机勃勃的生态系统,联系紧密、互相依存。

热带雨林形成的过程

热带雨林的形成与赤道地区的气候有关。赤道地区常年日照强烈,使地面上方的空气受热上升,在底层形成一个低压区。

赤道周围海面上的信风带着大量的水汽吹来,占据赤道低压区。湿热的空气在上升中冷却形成云朵,部分在赤道上空变成频繁的降雨落到地面,在赤道地区形成了一个湿热的气候带。

热带雨林里好玩的现象

热带雨林的树木没有明显年轮，因为气候温暖，树木的生长速度不会受季节变化的影响，所以没有明显的差异，不会长出年轮，也就没法计算年龄，只有那里的土著人才能看出树的年龄。

树蛙

热带雨林中的蛙类把树枝当作自己的家，潮湿的空气使它们的皮肤可以呼吸。

当一棵大树枯死后，在阳光照射下，小树们拼命成长，谁先长大，谁就取代了大树的位置。

热带雨林的分层

热带雨林从上到下垂直分为三层：最高层、林冠层、地被层。

最高层在高大乔木的顶端。热带雨林的乔木高达60米，它们巨大的树冠耸立在雨林上方，像是绿色海洋中漂浮的小岛。

最高层下方是林冠层，有15米~45米高。那里有密密麻麻的树叶，光线和风只能透进来一小部分，这里生活的动植物最多。

雨林的底层是阴暗潮湿的地被层。那里没有阳光，光线昏暗，只有矮小的植物、菌类和昆虫、爬行动物生存。

长臂猿

真菌

热带雨林里面有什么

南美洲热带雨林中的动植物

在南美洲的亚马孙河流域，有世界上最大的热带雨林。

卷尾猴和狨猴的体形较小，尾巴还会抓握树枝。

树懒一动不动地挂在树枝上。在高高的上空，飞翔着巨大的角雕，它们是十分凶猛的鸟类。

豹猫、美洲虎，它们身体轻巧，都是爬树的能手。

马达加斯加热带雨林中的动植物

这里生活着很多奇异的小动物,像冕狐猴、马达加斯加大狐猴,还有小巧玲珑的指狐猴,它的牙齿像小凿子一样厉害,可以咬开十分坚硬的果壳。

身体上长有尖刺的马岛猬,是世界上其他地方没有的,它可以把身体蜷成一团,在敌人到来时保护自己。

澳大利亚热带雨林中的动植物

雌性树袋鼠和斑袋貂的肚皮上都长着一个袋子，用来哺育小宝宝。

长吻针鼹体形非常可爱，它们像刺猬一样长满了刺，嘴巴长而弯曲，能帮助它们在地上寻找食物。新几内亚野狗奔跑速度很快。

体形庞大的鹤鸵，是草原驼鸟的近亲，在地面上生活。天堂鸟的羽毛色彩绚丽，是鸟儿中的佼佼者。棕树凤头鹦鹉长着美丽的凤冠，是鸟类中的帝王。

亚洲热带雨林中的动植物

亚洲的热带雨林,主要分布在缅甸、泰国、越南、马来西亚、印度、印度尼西亚、菲律宾等国境内。

亚洲热带雨林中最珍稀的动物是苏门答腊虎。由于人类的入侵,它们的足迹越来越少见了。

雨林中的犀牛体形都很庞大。体色黑白相间的马来貘,也是这里非常稀有的品种,它们性情温驯,以树叶和果子为食。
原鸡是现代家养鸡的祖先。

非洲热带雨林中的动植物

这里有人们熟悉的黑猩猩,还有低地大猩猩。

树熊猴、眼镜猴、白额长尾猴体形娇小,它们轻快地在树林间穿梭。

霍加狓——长颈鹿的近亲,它喜欢用长舌卷食高高的树叶。树穿山甲靠尾巴在树枝间游荡。

还有各种各样的蛇类,头部扁平宽大的加蓬蝰;身子滚圆的球蟒,当敌人来临时它会把身体缩成一团像一个皮球。

热带雨林中人们的生活

目前全世界的热带雨林中大约有 200 万土著居民。如非洲俾格米人，南美亚马孙的亚诺玛迷人，亚洲东南亚的本南族人、达雅克人等。

土著人长期生活在热带雨林里，与那里形成了和谐亲密的关系。他们生活所需要的一切，如食物、衣物、药物和建筑材料，都来自雨林，所以他们很珍惜雨林里的资源，不会让它们遭到破坏。

怎样合理利用热带雨林

在热带雨林里播种庄稼，必须向那里的土著人学习，如小面积耕种，在树林中穿插播种，种植一段时间后让土地得到休息，这些都是保护雨林的好方法。

大面积砍伐树木是对热带雨林最大的伤害。

被破坏的热带雨林能恢复原貌吗

热带雨林一经破坏，是很难恢复的。

热带雨林中的各种动植物，在千万年的共同生活中，形成了相互依存的关系，如果破坏了其中的一个物种，一些有关系的动植物也可能随之毁灭。

一片热带雨林，需要非常漫长的地球气候演化才能形成。所以，就算破坏很小，也需要很长的时间等待它自我修复。

热带雨林里的植物通过蒸腾作用，来产生雷雨，维持自身的平衡。如果过多砍伐了雨林中的树木，剩下的就不能蒸发足够的水分来产生降雨了，这样整个雨林就被破坏了。

小游戏

小朋友,热带雨林里好热闹呀,你能找到两幅画面里的五处不同吗?

沙漠

走进沙漠

在我们美丽的地球上，有三分之一的陆地由荒漠覆盖。沙漠是荒漠的一种。

沙漠就是满是沙子的地方吗？沙漠里有树吗？有水吗？有动物吗？沙漠里有人居住吗，他们是怎么生存的呢？

其实，沙漠也和平原、山地等地貌一样，是一个完整的生态系统，动物、植物和人类在其中和谐生存。

尽管沙漠的环境很恶劣，但那里的生命以顽强的适应能力，成为了沙漠的主人，给荒凉的沙漠增添了一道道亮丽的奇景。

沙漠是怎么形成的

缺少降水是沙漠形成的主要原因。某个地区如果久久不下雨,植物就会因缺水而干枯,土壤失去了植被的保护,就会变得非常疏松,成为沙土。

风力强劲是沙漠形成的第二个原因。当沙漠上刮起漫天大风时,松软的沙土便很容易被风卷起,顺风移动。

沙漠里好玩的现象

沙漠里最有名的景观是海市蜃楼。它是物体反射的光经大气折射，在沙漠上空形成的虚像，会出现城市、楼阁、树木等幻景，非常神奇。

沙漠中还有一种巨石蘑菇。这是由于石头的下部常年被沙子击打、磨蚀，变得下面细、上面粗，像蘑菇一样。

巨石蘑菇

沙漠里面有什么

沙漠里有许多文明古国的遗址,在中国新疆境内,保留着古代龟兹(qiūcí)、焉耆(yānqí)、于阗(tián)、楼兰等国的遗址,成了著名的旅游地。

沙漠中生活着很多的植物,如仙人掌、胡杨、沙拐枣、佛肚树、梭梭等,为了适应沙漠的生活,它们的长相都很奇特。

沙漠中的动物都有很强的生命力。骆驼为了忍受饥渴,长出了能储存养分的驼峰。沙漠中的小兔子长着布满血管的大耳朵,这样就可以散发身体的热量了。

美洲沙漠中的动植物

在美洲的沙漠中,也有很多奇特的动植物。

在美洲,生长着沙漠斗士——牧豆树。它们可以把根扎到地面下20米的深处,无论到了哪里,都能在那儿生根发芽、茁壮成长。

仙人掌又厚又大的身体挺立在地面上,有球形的、扇形的、柱形的、千奇百怪。它们的身体里可以储存大量的水分,因此不怕干旱。

大洋洲（澳大利亚）沙漠中的动植物

在风光奇异的澳大利亚沙漠，生活着很多的动植物。

瓶子树

袋鼠

鸵鸟

金合欢

沙漠蛙

美丽的金合欢树上满布着金黄色的小花球，叶子像含羞草一样，到了晚上就两片两片地合起来。

沙漠中的沙漠蛙像骆驼一样，身体里可以藏水，只不过是藏在膀胱和皮肤袋里。

亚洲沙漠中的动植物

在古老而神秘的亚洲，沙漠的风景非常迷人。这里生长着沙漠之宝——梭梭树，它的嫩枝是骆驼的美餐。名贵的中药肉苁蓉，就是贴着梭梭树的根部生长的。

胡杨

亚洲的沙漠中还生长着一种珍贵的树——胡杨树。它耐寒、耐旱，有很强的生命力，当秋天来到时，胡杨树林一片金黄，非常美丽，给沙漠增添了迷人的色彩。

梭梭树

双峰骆驼

肉苁蓉

高鼻羚羊

非洲沙漠中的动植物

在广阔无垠的非洲沙漠，有着世界上最寂寞的树。它们没有花朵，也没有叶子，只剩光秃秃的枝丫，像一根根棍棒插在地上，这就是"光棍树"。

生石花是"生命之石"。它的叶子又肥又厚，形如鹅卵石，黄色、白色的小花从两片叶子中间长出来，看上去非常可爱。

狮子是非洲沙漠上的霸主。它们体形巨大，力大无穷，喜欢群居生活，有趣的是，狮群中由母狮出去捕猎，雄狮却在家里坐享其成。

沙漠居民特别的生活习惯

沙漠里的人们常常睡在临时搭建的圆顶帐篷里,四周围着羊毛毡,里面铺上草席或羊毛织成的地毯。

当男人们外出放牧或打猎时,女人们就在家剪羊毛,将羊毛织成地毯、桌布、围巾等,还要做好一家人的饭。

沙漠上空资源的开发

沙漠的地下资源取之不尽,上空也有很多资源。

沙漠上空常年大风呼啸,是利用风力发电的绝佳场所。风力发电是一种成本低,无污染的可再生能源。

沙漠上空阳光炙热,地表温度极高,适宜采用太阳能发电。如果把撒哈拉沙漠接收太阳能的百分之一用于发电,就能满足全世界的用电需求。

沙漠地下资源的开发

茫茫沙漠地下,蕴藏着巨大的宝库。

1956年,地质学家在阿尔及利亚沙漠勘探出10亿吨石油,后来,人们又在波斯湾附近发现了巨大的油田,从此,沙漠石油的开发便一发不可收。

撒哈拉沙漠、澳大利亚维多利亚沙漠、中亚卡拉库姆沙漠、巴基斯坦与印度接壤的塔尔沙漠、中国新疆的塔克拉玛干沙漠都埋藏着丰富的大油田、大气田。

沙漠底下还蕴藏着丰富的矿产资源。

沙漠上的明珠

在沙漠中，最珍贵的就是水了。

水是生命之源。在沙漠中，有水的地方就有绿洲。沙漠中的水以河流、湖泊的形式出现，它们像一颗颗明珠，点缀着茫茫无边的大沙漠。

在非洲，有壮观的长河从沙漠中穿流而过，中途不会断流，如尼罗河和尼日尔河，在这两条河的沿岸，孕育了很多的绿洲。

在有些沙漠，如阿尔及利亚境内的撒哈拉沙漠的地下岩层，人们还发现了大量的地下水，它们是可开发的宝贵水资源。

防止沙漠化

沙漠区域的扩大，使人们的生存遭到威胁。防止土地沙漠化最简单的办法就是减少人类对沙漠的干扰，如退耕还牧、减少牲畜的数量、建立沙漠植被保护区。

如果能进一步改良沙漠的土壤，如松土、挖坑、施肥、种植林木等，能更好地促进沙漠植被的生长。

在沙漠化较严重的地区，人们还采用人工方法，如用麦草、稻草在沙漠周围扎设挡风墙、防沙障，防风固沙，阻挡沙丘的移动。

沙漠地区的人们还常常用固沙造林、营造防风林、封沙育草的方法，来治理土地的沙漠化。

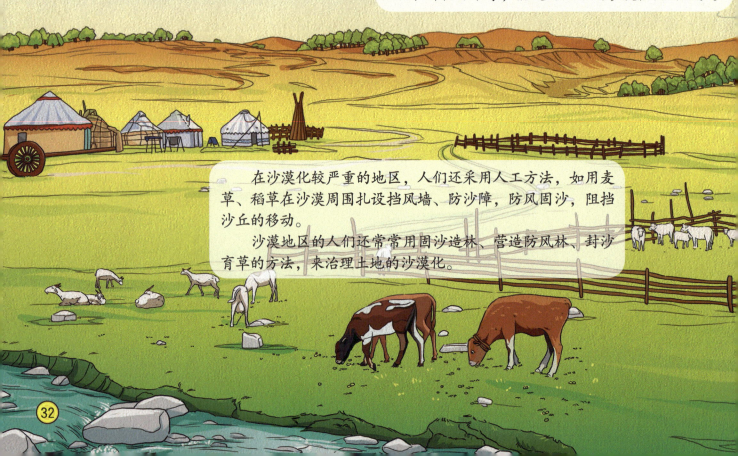

小游戏

小朋友,沙漠里好热闹呀,你能找到两幅画面里的四处不同吗?

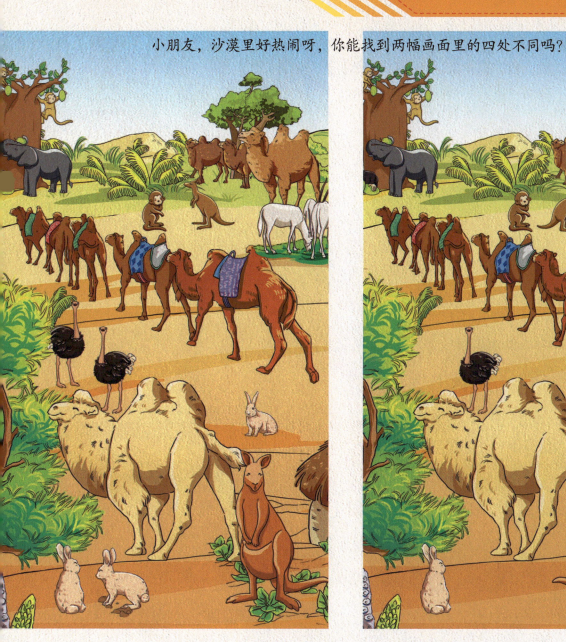

极地大陆的形成

极地大陆

在地球的南北两端,就是南北极。

南极洲是一块白雪覆盖的陆地,而北冰洋的冰盖下是浩瀚的海洋。但是在2亿年前,地球上只有一块大陆,称为泛大陆,而南北两极则是广阔的海洋。经过5000万年的演变,泛大陆分成了南北两块大陆。

北边的大陆包括今天的北美洲、格陵兰岛、欧洲和亚洲;南边的大陆包括今天的南美洲、非洲、大洋洲和南极洲。

后来,这些大陆渐渐分开了。南极洲和大洋洲曾经是相连的,大约6000万年前,南极洲和大洋洲分开,漂移到了今天的南极地区,渐渐形成了一个巨大的冰盖。

极地大陆的形成

约 500 万年前，北极圈内的陆地还有茂密的森林，生活着猛犸象、野马等动物。在距今 150 万年的时候，北冰洋的海面就结满了浮冰。

北极地区曾经是温暖湿润的气候，1 万～2 万年前，气候变冷，进入冰河时期，海面降低，连接亚洲和北美洲的白令海峡成为一块陆桥，很多欧洲和亚洲的动物，如北极熊的祖先、北美驯鹿等，通过白令海陆桥到达美洲并居住下来。

南极和北极

北极地区的中部是北冰洋,上面漂浮着密集的冰块。北冰洋介于北美洲、亚洲和欧洲三个大洲之间。

受地球公转的影响,每年的7月~8月,是北半球的夏季。这段时间在北极圈内,太阳每天都不会落山,可以24小时看到阳光,形成白昼。

南极洲98%的面积都被厚厚的冰雪覆盖着,这些冰川覆盖面积占地球冰川面积总量的80%。

在南极洲,每年的12月到下一年的2月是盛夏季节。这段时间在南极圈内也可以24小时见到太阳。

海豹

极地里面有什么

北极苔原地带的夏季是许多矮小的植物，如虎耳草、极地柳树、北极罂粟和地衣、苔藓等的天堂。在南极洲冰冷的土地上，也有苔藓、地衣、石竹和一些杂草生存着。

在北极还生活着北极熊、白鲸、露脊鲸、格陵兰鲸、海象、环斑海豹、鞍纹海豹、北极狼、麝牛、北极狐等哺乳动物，还有大西洋海雀、雪鸮、北极燕鸥、北极绒鸭、贼鸥等鸟类。

在南极大陆和海洋中，生活着皇帝企鹅、巨型鱿鱼、毛皮海狮、豹海豹、蓝鲸、长须鲸、逆戟鲸等大型动物，还有信天翁、南极巨海燕、鞘嘴鸥等鸟类。

南极的动物

在南极生活着个子最大的企鹅——皇帝企鹅。

对于皇帝企鹅来说,它们一生中最重要的事情就是繁衍后代。每年3月,它们开始寻找产卵地,6月份,企鹅妈妈产下一枚卵后去海洋寻找食物,由企鹅爸爸负责孵化小企鹅。

两个月后,企鹅宝宝出世了,企鹅妈妈也回来了,企鹅爸爸将哺育后代的重任交给妻子后,再去觅食。此后的漫长冬季,企鹅爸爸和妈妈一起抚养小企鹅,直到第二年的夏季来临。

皇帝企鹅

蓝鲸

南极的海洋中还有世界上最大的动物——蓝鲸。

南极的动物

在南极地区,还生活着一种样子很可爱的动物——象鼻海豹。当它们高兴时,鼻子会像气球一样鼓起。

信天翁

每年的夏季,象鼻海豹找到自己的伴侣后,就会开始交配、产仔、哺育幼仔。一对海豹夫妻会始终在一起,直到它们的宝宝长大,并离开父母单独生活。

漂泊信天翁拥有着鸟类世界中最长的翅膀。它们的翅膀细长而窄,可以滑翔几个小时而不扇动翅膀。

象鼻海豹

北极的动物

这是大西洋角嘴海雀。夏天,它们的喙是橙红色的,羽毛黑白相间;到了冬天喙就会脱掉橙红色,羽毛也变得暗淡。它们爱吃鱼,可以飞翔,也能游泳。

北极兔

北极地区最古老的居民要算海象了。海象是哺乳动物,它们最明显的特征就是两根长长的犬牙、臃肿的身体、厚厚的充满褶皱的皮。

海象的长牙有很多功能,既可以支撑身体,又可以作为工具刨寻食物,必要的时候,犬牙也成为对付敌人和竞争者的武器。

极地冰山

极地的海洋中漂浮着很多巨大的冰块,体积从几立方米到几十万立方米的都有,冰山90%的体积在海面下,所以仅从海面上看是不太容易判断冰山大小的。

雪结冰后,冰层的厚度越来越大,就形成了巨大的陆地冰川。冰川在海浪的冲击下,海洋中的部分断裂形成块状的冰山。冰川上的积雪和冰川自身的体重,也会使冰川断裂,形成漂浮在海里的冰山。

漂浮的冰山周围,生长着很多的海藻、磷虾,它们是很多极地动物的食物。

极地动物的迁徙

极地生活的动物,有很多都过着一年一次的南北迁徙生活。

夏季时,北极燕鸥集中在格陵兰岛或附近的海岛,产卵、繁殖、哺育幼鸟。在冬季来临之前,它们会带着幼鸟长途跋涉,在12月份时到达南极,那时正是南极的盛夏。北极燕鸥总是在两极的盛夏出现,因为夏季的极地海域有丰富的食物,可以填饱肚子。

南极夏季的时候,阿德利企鹅在那里产卵、繁殖,到了南极冬季的时候,它们会向北迁徙到温暖一些的地方捕食。

鲸类中的长须鲸,在夏季的时候留在极地捕食,冬季的时候去热带或亚热带地区交配和生下小鲸,到极地的夏季再次来临的时候,它们又会带着小鲸回到极地。

极地人们的生活

在南北极地区,除了科学家们,只有北极地区有人定居,他们自称为因纽特人。由于他们已经在北极地区生活了上万年,所以掌握了很多应对恶劣环境的生存技巧。

他们在居住地搭建木屋或石屋,外出狩猎时,用厚大冰块垒成圆顶冰屋,结实耐用保暖,还能烧火做饭。他们穿兽皮,用狗拉雪橇作为交通工具,还用木头和海豹皮、海象皮做成轻便耐用的水上划艇。

危险的极地探险

神秘的极地地区一直吸引着人们前去探险。18世纪的时候,人们对北极地区进行了多次探险,但没有人能到达北极点。

1909年3月,美国人罗伯特·皮尔里第三次向北极点进发,他们乘着狗拉的雪橇,经过36天的艰苦旅程,终于在4月6日到达了北极点。

1911年12月17日,挪威极地探险家罗德·阿蒙森的队伍用狗拉雪橇,到达南极点后成功地返回了出发地点。

英国探险家罗伯特·斯科特的探险队用矮种马拉着雪橇,还没到达南极点的时候,马就冻死了。他们用人力拉着沉重的雪橇,在阿蒙森之后到达南极点,在返回的途中因饥饿和寒冷而丧生。

危在旦夕的极地

最近几十年来，随着全球工业化速度的加快，汽车尾气、煤和石油燃烧时排放的二氧化碳气体大量增加，这些气体排放到空气中，使空气形成了一个隔热层，阻止了地面热能的散发，导致全球气温升高，形成"温室效应"。

温室效应会影响到两极地区，使气温升高，冰川融化，很多在低温下生长的动植物将无法生存。一些靠海冰来生活和捕猎的动物，如海豹、北极熊等，正面临着生存的威胁。

极地的未来

科学家们预测，如果人类不控制二氧化碳的排放，在未来90年内，地球温度将升高2℃，海平面将上升18～59厘米，极地的许多动植物将面临灭绝的危险。

为了防止悲剧发生，欧盟规定其成员国在2020年时，将二氧化碳排放量减少30%，这样到2100年时，全球的平均温度将下降2℃，那时候，企鹅、海豹和北极熊还能在冰面上生活。

为了保护南极大陆的环境，有很多国家参与制订了《南极环境保护议定书》，并于1991年6月23日在马德里通过，协议规定签字国将在未来的50年内对南极生态保护承担严格的义务。

小游戏

小朋友,极地好热闹呀,你能找到两幅画面里的五处不同吗?

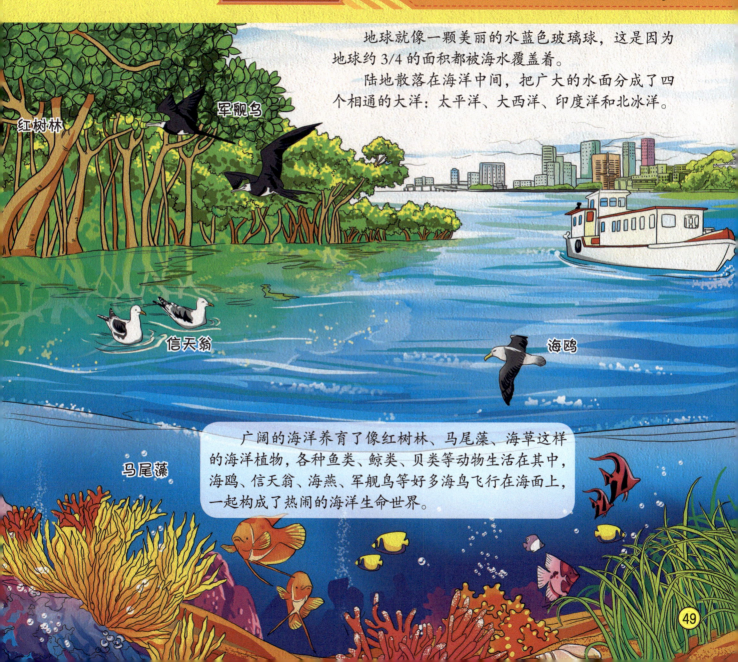

海洋

走近海洋

地球就像一颗美丽的水蓝色玻璃球,这是因为地球约 3/4 的面积都被海水覆盖着。

陆地散落在海洋中间,把广大的水面分成了四个相通的大洋:太平洋、大西洋、印度洋和北冰洋。

广阔的海洋养育了像红树林、马尾藻、海草这样的海洋植物,各种鱼类、鲸类、贝类等动物生活在其中,海鸥、信天翁、海燕、军舰鸟等好多海鸟飞行在海面上,一起构成了热闹的海洋生命世界。

海洋是这样形成的

在大概46亿年前,地球上还只有炙热的岩浆海,天空也被水蒸气和二氧化碳笼罩着。

岩浆海

后来,地球表面的温度逐渐下降,水蒸气变成云后降雨。雨下了很久后就形成了海洋。海洋大概有45亿岁的高龄了。

河水在流向大海的过程中,带走了一些藏在岩石和土壤里的盐分,这些水长年累月汇入大海,海水就变得又苦又咸了。所以,海水是不能直接喝的。

神秘莫测的海底世界

海底和陆地一样是起伏不平的。海底有连绵的山脉，陡峭的峡谷，幽深的海沟；还有大大小小的海底平原、海底盆地、海底丘陵和火山。

海洋到底有多深呢？浅海只有几米到几十米深，最深的地方在太平洋的马里亚纳海沟，足足有11034米，把世界最高的珠穆朗玛峰放在沟底，峰顶都露不出海面！

酷爱运动的海洋

当海底发生地震、火山爆发或塌陷时,剧烈震荡的海浪就会形成凶猛的海啸,变成一堵二三十米高的水墙冲上岸,摧毁城镇和村庄,吞噬人类的生命。

海平面每天都会有规律地上升和下降,这就是潮汐。涨潮的时候,部分海滩会被海水覆盖;退潮的时候,海水又会退回去。这是受月球和太阳引力的影响形成的。

海面以下,海水也在悄悄流动着,这是洋流,主要是由风定向吹动引起的,比著名的墨西哥湾暖流和黑潮。

浅海生物

各有绝招的深海生物

阳光照不到海面200米以下的深海终年黑暗，盐度高，压力大，水温低，没有植物。生活在深海的动物们个个凶猛古怪。

为了方便捕食，很多深海鱼、虾、海星、水母和乌贼身上都有发光器官。比如海星，它能让触手发出绿光，吸引小动物来上钩。

鮟鱇鱼形状古怪，头和嘴特别大，牙齿锋利，头顶上还有个会发光的"钓鱼竿"，吸引小鱼上钩。

除了发光器官，也有的鱼靠放电来捕食，比如电鳐和电鳗。电鳐每秒钟能放电50次，是有名的"海底电击手"。还有的动物依靠敏锐的嗅觉和触觉捕食，比如盲鳗。

海洋生物之最

从近海到远洋，从海水表层到海底，都有生物的踪迹。

砗磲（chē qú）是一种大个头的贝类，最大的砗磲壳的直径超过2米，体重超过200千克，是名副其实的贝类之王。

生活在深海地区的大王乌贼长20多米，喜欢跟抹香鲸抢鱼吃，是最大的软体动物之一。

看似漂亮的箱水母（又叫海黄蜂）是海里最危险的动物之一。

鲨鱼残忍凶暴，是出了名的海中霸王，就连体型巨大的鲸鱼都怕它们三分。鲨鱼有大有小，但数大白鲨最可怕，它们强有力的下颚几乎可以撕碎任何猎物！

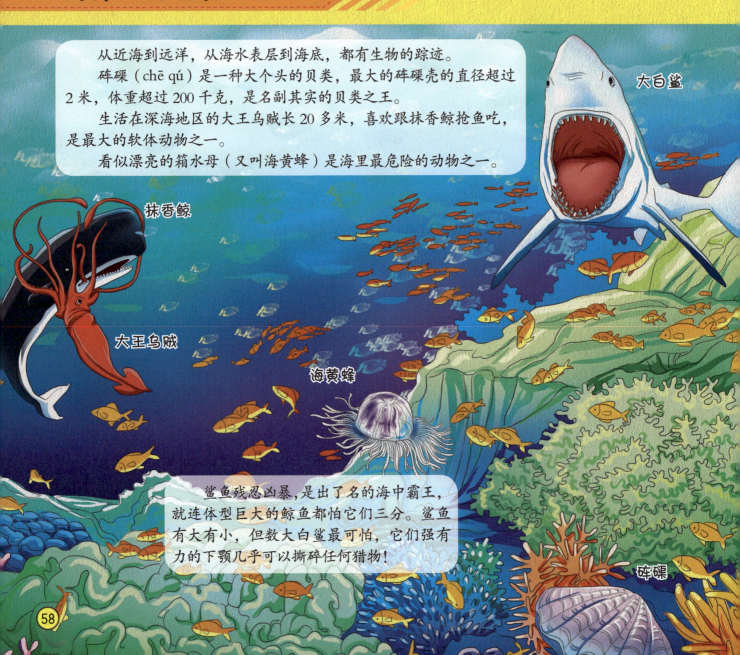

海洋里的明星们

海龟是动物中当之无愧的老寿星。目前有记录的海龟最长寿命是152年。

文鳐鱼一旦遇到危险,就会靠尾鳍产生的弹力跃出海面,滑翔到很远的地方,是出了名的"飞鱼"。

蓝鲸是海洋里最大的动物,最大的蓝鲸体长能达到33.5米,重190多吨——相当于30头大象的总重!

座头鲸每年在南极海域度过盛夏,冬天则游到哥斯达黎加的太平洋海岸,是旅程最远的哺乳动物。

五颜六色的海

翻开世界地图，黄海、红海、黑海、白海就会映入我们的眼帘。我们知道，海水通常是蔚蓝色的，那这些彩色的海是怎么来的呢？

黑海夹在乌克兰、俄罗斯与土耳其之间，因为海底沉积着黑色霉臭的烂泥，所以水色深暗，被命名为黑海。

红海在阿拉伯半岛与非洲大陆之间，大半海水呈蓝绿色，局部海面因为红色海藻生长茂盛而呈红棕色，因此而得名。

黄海位于渤海和东海之间，流经黄土高原的黄河入海后带来了大量泥沙，使海水呈黄色，所以被叫做黄海。

白海是北冰洋的一部分，因为这片海域长年被冰雪包围呈现白色而得名。

海洋的恩赐

海洋里蕴藏着丰富的矿产资源,比如石油、天然气、煤、铁和海底锰结核、可燃冰等。

海水可以用来制盐、提取各种化学元素和矿物,也可以直接利用或者利用海水淡化技术获取淡水。

海水的运动和海水温差、盐差,都蕴藏着巨大的能量,这就是海洋能,比如潮汐能、波浪能、海洋温差能、海洋盐差能和洋流能,这些能量都可以用来造福人类。

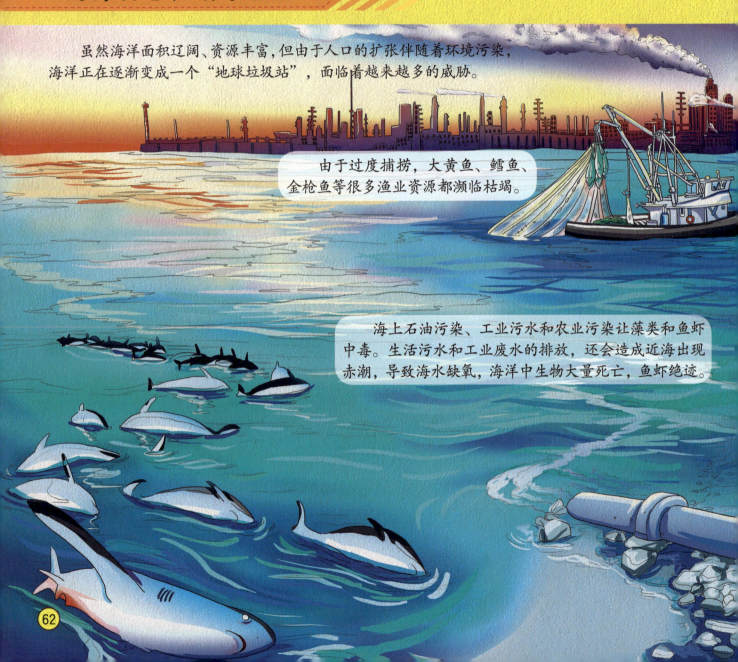
海洋告急,请求救援

虽然海洋面积辽阔、资源丰富,但由于人口的扩张伴随着环境污染,海洋正在逐渐变成一个"地球垃圾站",面临着越来越多的威胁。

由于过度捕捞,大黄鱼、鳕鱼、金枪鱼等很多渔业资源都濒临枯竭。

海上石油污染、工业污水和农业污染让藻类和鱼虾中毒。生活污水和工业废水的排放,还会造成近海出现赤潮,导致海水缺氧,海洋中生物大量死亡,鱼虾绝迹。

小游戏

在下面的两张图片中,有五处不同的地方,你能一一找出来吗?拿起彩笔,把它们圈出来吧。

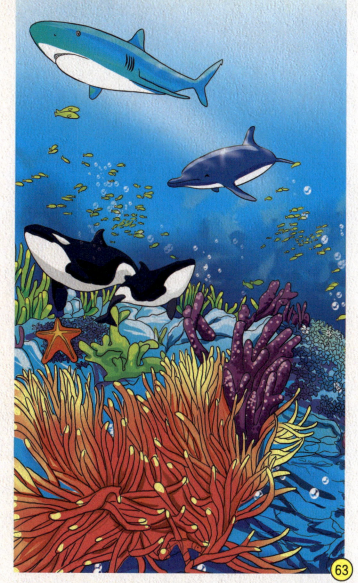

火山是怎么形成的

火山与洞穴

火山是一个由固体碎屑、熔岩、流状喷出物围绕喷出口堆积而成的隆起的小山。

火山喷发时会喷出很多的岩浆。岩浆在地球内部发生移动,喷发到地表形成火山。

地球内球的密度要远远大于液态层和外球,当它绕着太阳公转时,内球一直都会偏向引力的反方向,从里面向外挤压液态层,这样岩浆和其他气液态物质就会由地球内部喷发到地表上面来。

岩浆或熔岩经过一系列的物理化学反应,会产生大量的水和气,形成一种膨胀挤压力,也会促使岩浆和其他气液态物质由地球内部向外移动。

火山喷发的类型

在火山这个大家庭中，喷发的形式是不同的。按照岩浆的通道，一般可以分为两大类：裂隙式喷发和中心式喷发。

有些火山喷发时，岩浆会沿着地壳中的断裂带从地表溢出来，性情温和、宁静，这就是裂隙式喷发。

另一种类型是中心式喷发。这是现代火山活动的主要形式，可以细分为三种：宁静式、爆裂式和中间式。

中间式火山喷发之后，虽然也会产生一定的爆炸力，可是力度比较小。它们会连续一段时间平稳地喷发出来，有时也会歇一歇、喷一喷。

宁静式火山喷发时，会从火山口溢出很多热乎乎的熔岩，沿着山坡流下来，比较安静。

爆裂式火山爆发时，不仅会出现猛烈的爆炸，还会喷出大量的气体和火山碎屑物质呢，脾气异常暴躁。

火山喷发时的熔岩与火山灰

火山一旦喷发,熔岩和火山灰就会出现。

熔岩就是流出地表的岩浆,呈液体状态。一般都出现在火山出口或地壳裂缝中。它们的温度很高,一般介于700~1200℃之间。

火山喷发时会喷出一些直径小于2毫米的碎石和矿物质粒子,这就是火山灰。它的温度非常高,会随着气流快速上升,长时期飘浮在高空,对飞机飞行造成严重威胁。

火山灰一旦落到地面上,还会给人们带来伤害呢。1991年,菲律宾皮纳图博火山喷发时,台风和雨水使火山灰又湿又重,降落到了人口稠密的地区,压塌了很多房屋,引发了火山泥流,使生命财产损失很大。

火山喷发后的地貌

火山喷发后，地貌会发生巨大的变化。

1936年，冰岛以南的火山喷发之后，大量火山灰堆积形成了苏尔特赛岛；在火口地区还容易形成火口湖，比如我国的长白山天池就是火山喷发后形成的。

火山剧烈喷发后，还会引起地震、海啸、滑坡、泥石流等灾害，形成堰塞湖。这些间接引起的灾害，常常会导致山崩地陷、河道阻塞、道路扭曲、建筑倒塌，造成极大的破坏，夺走大批人畜的生命。

地热喷泉和间歇泉

火山喷发后,自然喷发出地表的地下热水叫做地热喷泉。有一些国家还利用这种地下热水给住宅供暖和发电。

间歇泉是一种间断喷发的热水泉,喷发的时候,泉水会喷射到很高的空中,形成几米甚至几十米高的水柱,非常壮观。

间歇泉喷发几分钟、几十分钟以后就会自动停止;隔一段时间,又会出现一次新的喷发。

火山喷发会改变地球环境

火山喷发会给地球造成巨大的影响。
首先,它会影响全球气候。
火山爆发后,火山灰和火山气体就会随之而来,不仅会让白昼变得昏暗,还会挟带狂风暴雨。

火山喷发还会破坏地球环境。火山灰和暴雨会结合成泥石流,不仅会冲毁道路、桥梁,还会淹没附近的乡村和城市。意大利南部的庞贝古城就是两千年前,被维苏威灿爆发的火山灰埋没的。

火山之旅第一站：圣海伦斯火山

圣海伦斯火山在美国西北部华盛顿州，大约是在4万年前形成的。

在1980年的喷发前，圣海伦斯火山的形状是非常匀称的，山顶布满了积雪，很像日本的富士山，很多旅游爱好者都来欣赏。

1980年，圣海伦斯火山悄无声息地突然复活了。最为剧烈的是5月18日的喷发，烟云冲向了2万米的高空，火山灰随气流扩散到4000千米以外。

这次喷发是美国历史上，也是20世纪以来地球上规模最大的火山爆发之一。

2005年3月8日，圣海伦斯火山又发生了一次明显的火山活动。喷出的烟雾和灰尘高达11000米，在火山以北150千米的西雅图（美国华盛顿州）都能看到烟柱。

火山之旅第二站：基拉韦厄火山

基拉韦厄火山位于美国夏威夷岛东南部，是世界上活动力旺盛的一座活火山，今天依然会经常喷发。

基拉韦厄火山的海拔高度1247米，差不多有4个叠加的埃菲尔铁塔那么高。

在基拉韦厄火山的顶部有一个巨大的火山口，直径为4027米，深130多米。基拉韦厄火山每时每刻都在活动，平均每秒钟会喷溢出3～4立方米的熔岩。

火山之旅第三站：喀拉喀托火山

喀拉喀托火山在爪哇岛和苏门答腊岛之间的巽（xùn）他海峡，是亚洲的一座活火山，是近代喷发最猛烈的活火山，从20世纪开始一共喷发过很多次。

喀拉喀托火山发生过几次大的喷发，其中以1883年8月27日的大爆发最为猛烈。

神秘的洞穴

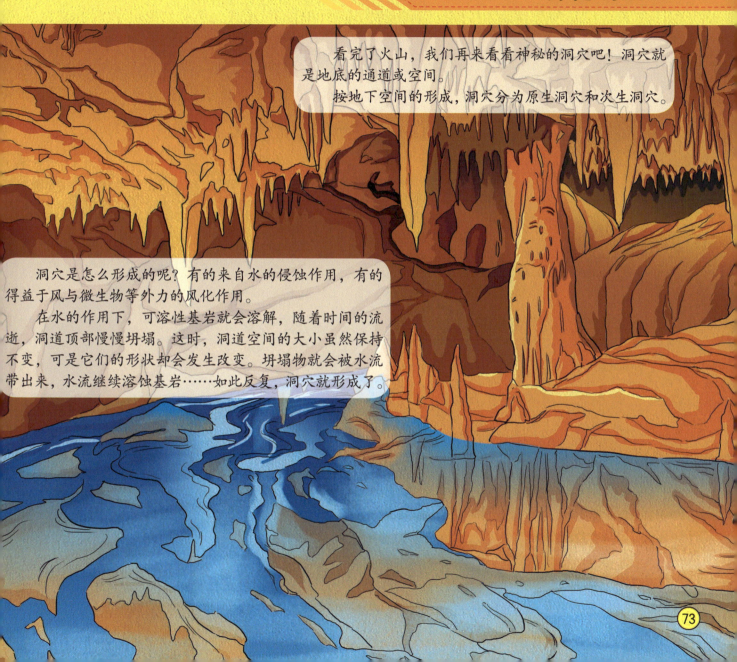

看完了火山，我们再来看看神秘的洞穴吧！洞穴就是地底的通道或空间。

按地下空间的形成，洞穴分为原生洞穴和次生洞穴。

洞穴是怎么形成的呢？有的来自水的侵蚀作用，有的得益于风与微生物等外力的风化作用。

在水的作用下，可溶性基岩就会溶解，随着时间的流逝，洞道顶部慢慢坍塌。这时，洞道空间的大小虽然保持不变，可是它们的形状却会发生改变。坍塌物就会被水流带出来，水流继续溶蚀基岩……如此反复，洞穴就形成了。

洞穴里面有什么

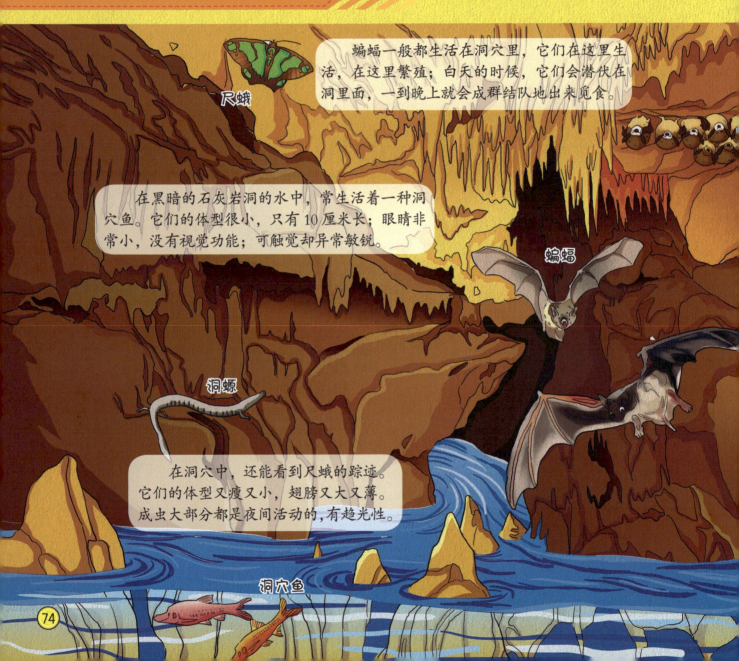

尺蛾

蝙蝠一般都生活在洞穴里，它们在这里生活，在这里繁殖；白天的时候，它们会潜伏在洞里面，一到晚上就会成群结队地出来觅食。

在黑暗的石灰岩洞的水中，常生活着一种洞穴鱼。它们的体型很小，只有10厘米长；眼睛非常小，没有视觉功能；可触觉却异常敏锐。

蝙蝠

洞螈

在洞穴中，还能看到尺蛾的踪迹。它们的体型又瘦又小，翅膀又大又薄。成虫大部分都是夜间活动的，有趋光性。

洞穴鱼

洞穴里面有什么

在洞穴里,还生活着很多的植物种类,羊齿植物、苔藓、地衣、藻类……都能在这里发现。

苔藓喜欢生活在阴暗潮湿的环境中,洞穴里更是常见。苔藓体型较小,结构简单,只包含茎和叶两部分,没有真正的根和维管束。

洞穴的洞口附近生活着一种羊齿植物。这种植物具有明显的根、茎、叶和复杂的维管系统的分化。只有极少数是乔木状直立茎,大部分都是横走的根状茎。

在水中,我们经常会看到一些藻类叶状体植物,其实在洞穴中也会经常见到。这种植物有叶绿素,能进行光合作用。

钟乳石和石笋

在洞穴里,有许多从洞顶下垂的石柱子,还有长在地上的形如竹笋的石柱。其实,这些石柱长在洞顶的是钟乳石,长在下面的是石笋。

当水流遇到石灰岩时,就会溶解其中的钙质,随着水的流动,这些钙质又变成固体,有的沉积在洞顶,有的沉积在洞底,日久天长形成了钟乳石和石笋。

石笋和钟乳石的成长速度都很慢,据测定,石笋和钟乳石每百年才能长高1厘米。一个1米高的石笋,意味着已经存在上万年了。

洞穴里有人居住吗

旧石器时代，为了抵御猛兽严寒，人们一般都会居住在天然洞穴之中。北京周口店的北京猿人洞，就是史前人类居住过的洞穴。

在美国新墨西哥州南部有个卡尔斯巴德洞窟，是西半球最大的地下洞穴，它长达550米，宽达340米，能够盛得下十几个足球场，这惊人的高度，在里面建造30层的楼都绰绰有余。

鹿洞位于马来西亚，是世界第二大的洞穴通道，它高120米，宽120米，可以容纳5个英国圣保罗大教堂。每天傍晚，一群群的蝙蝠就会飞出山洞，形成一条"蝙蝠龙"，非常壮观。

小游戏

(1) 凯迪到火山想画一幅真实的火山图。可是,炎热的火山即将喷发,凯迪需要在火山喷发前逃离,快来帮帮他!

(2) 凯迪终于逃离了火山口,可是他却忘了回家的路。面对杂乱无章的道路,他该如何走,才能走到家呢?

草原

走进草原

在地球上,草原到处可见。我们把大面积覆盖着草本植物,只零星散布着一些树木的地方叫做草原。

草原上的地形开阔平坦,一望无际。草原上的降水很少,不过草比树更适合缺水的环境,所以可以生存下来。

草原为我们提供了丰富的畜产资源,如肉、乳、毛等畜产品。开阔美丽的风光,也使草原成为宝贵的旅游财富,受到越来越多人的喜欢。

世界上的草原

世界上大概有1/5的陆地被草原覆盖着。

全世界草原面积比较大的国家主要包括俄罗斯、中国、澳大利亚、美国、巴西、阿根廷这六个国家。

草原主要分为热带草原和温带草原两种。

热带草原每年分干湿两季,生长着很高的草和稀疏的树木,比如赤道附近的热带草原,又叫热带稀树草原;温带草原夏季温暖,冬季寒冷,一般是一望无际的大草原,比如北美大草原和欧亚草原。

非洲热带稀树草原

生机勃勃的草原

草原上的植物多种多样，千姿百态，有比人还高的针茅草和须芒草，也有像地毯一样的矮草。

草的生命力都很顽强，任凭被动物踩、啃，哪怕遭遇火灾，还是会继续生长。

草原上植物丰富，成了各种家畜和野生动物的免费食堂。草原特有的自然条件和丰富的物产，养育了勤劳、质朴的游牧民族。他们以畜牧为主，过着游牧生活，以马匹为交通工具，主要吃肉和奶制品，住在简陋的房子或者帐篷里。

北美大草原

北美大草原属于温带草原,从美国一直延伸到加拿大,是世界上面积最大的草原!

这里冬暖夏凉,是很多动物的乐园。从野牛到小昆虫,从雕到爱挖洞的草原犬鼠和野兔;从北美跑得最快的陆地动物叉角羚,到慢吞吞的草原松鸡和屎壳郎;从集体捕猎的灰狼,到独来独往的响尾蛇,非常热闹。

潘帕斯草原

在阿根廷的中东部,有一片壮观的草原,当地人叫它"潘帕斯",意思是"没有树木的大草原",这是南半球最大的温带草原。

能歌善舞的高乔人世世代代生活在这片草原上。来到这儿,你可有口福了,能吃到香喷喷的特色烤肉哦。

这片草原土壤肥沃,适合种庄稼和放牧,所以大部分被开发成了农田和牧场,盛产小麦、玉米、蔬菜、水果和肉类,简直是个大粮仓!

俄罗斯干草原

俄罗斯地广人稀,草原面积非常辽阔,足足有350万平方千米。

靠近北边的草原比较湿润,紧挨着北方的针叶林,从春天到秋天花开不断。

这片干草原上,臭鼬、狐狸和狼最常见。草地上奔跑着野马,天空中翱翔着草原鹰、草原茶隼(sǔn),还时常能听到云雀那动听的叫声。为了保护野生动物,黑海边的草原带还建有稀有动物保护区。

这片干草原盛产小麦、甜菜、向日葵、玉米和小米,是俄罗斯的大粮仓,也是养殖牛、羊和马的天然农场。

中国的草原

中国的草原主要集中在东北平原、内蒙古高原、青藏高原和新疆的西边、北边，基本上都属于温带草原。

内蒙古大草原一望无际，地势像波浪一样起起伏伏，很多清澈的小河从草原上流过，滋润了高大茂盛的草丛。这里是世界闻名的天然牧场。养育了豪迈的蒙古族人，也养育了肥美的绵羊、耐饥渴的骆驼、高大健壮的三河牛和三河马。

勤劳勇敢的蒙古族牧民在草原上过着游牧生活，住在可以随时拆建的蒙古包里，喜欢喝奶茶、吃各种奶制品和手把肉。

中国的草原

在富饶的东北平原,也有一片茂密的大草原,那就是松嫩草原。那里冬冷夏热,水草丰美,有丹顶鹤、梅花鹿、紫貂、飞龙等野生动物,那里产的奶粉很好喝。

藏羚羊

野驴

野牦牛

梅花鹿

在高高的"世界屋脊"——青藏高原上,有一片全世界海拔最高的草原,那就是青藏草原。那儿地广人稀,是好多野生动物的乐园。成群的野驴、藏羚羊、野牦牛在草原上奔跑着。

黑颈鹤

新疆北部的阿勒泰草原是一片山地草原,越往高处走,草丛越密。人们春天在山下放牧,夏季上山放牧,秋季再赶着牛羊下山。

白天鹅

四川的阿坝草原,盛产虫草、贝母、鹿茸等名贵的中药材,生活着白天鹅、黑颈鹤和梅花鹿等珍贵的动物。

草原动植物趣闻

非洲象3米多高,身强力壮,是陆地上最大的动物。

草原狼的身影遍布世界各地草原,它们长得很像狗,最擅长团体作战。

猎豹在陆地上跑得最快,所以大名鼎鼎。它们生活在非洲的热带草原上,最喜欢躲在草丛里,伏击羚羊和小角马。

斑鬣狗生活在非洲草原上,也喜欢成群活动,每群大概80个成员,一起捕食斑马、角马和野水牛,还敢和狮群对抗。

草原动植物趣闻

黑曼巴蛇身长两米,爬行速度快,毒牙里喷出的毒液能给小动物们以致命一击。

秃鹫生活在高海拔的草原地带,脖子上围着一圈羽毛,像个漂亮的围脖。它们能滑翔,专吃动物的尸体,被誉为"草原上的清洁工"。

非洲热带草原的鸵鸟身高3米,有翅膀却不能飞翔。

大洋洲特有的桉树是树袋熊的美食。

沙柳长得像一个个火炬,是草原上最耐旱、耐寒、耐高温、耐风吹的植物。

巴西草原上的纺锤树两头尖、中间鼓,能贮存大量的水,是天然水塔。

保护草原

如果有太多树木在草原上扎根生长,就会抢夺小草生长所需要的阳光和营养,慢慢地把草原吞并。

有的草原,由于过度放牧,植被被破坏,变成沙漠。

刮风时,风吹裸露的土壤和沙子,形成沙尘暴。

要想保护草原,我们应该合理放牧,积极防治病虫害,还要建立自然保护区。

图书在版编目（CIP）数据

童眼识天下. 认地理/童心编. —北京：化学工业出版社，2018.7（2023.7重印）
ISBN 978-7-122-32260-9

Ⅰ.①童… Ⅱ.①童… Ⅲ.①常识课-学前教育-教学参考资料 Ⅳ.①G613

中国版本图书馆CIP数据核字（2018）第110621号

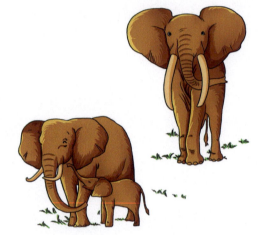

责任编辑：李 辉	责任校对：边 涛	装帧设计：尹琳琳

出版发行：化学工业出版社（北京市东城区青年湖南街13号　邮政编码100011）
印　　装：涿州市般润文化传播有限公司
880mm×1230mm　1/24　印张4　2023年7月北京第1版第7次印刷

购书咨询：010-64518888　　　　售后服务：010-64518899
网　　址：http://www.cip.com.cn

凡购买本书，如有缺损质量问题，本社销售中心负责调换。

定　价：22.80元　　　　　　　　　　　　　　　　　　版权所有　违者必究